五月の空のように

みずかみさやか 詩集
葉　祥明・絵

JUNIOR POEM SERIES

もくじ

I

無限大《むげんだい》

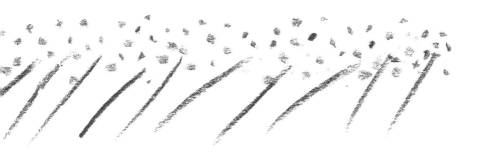

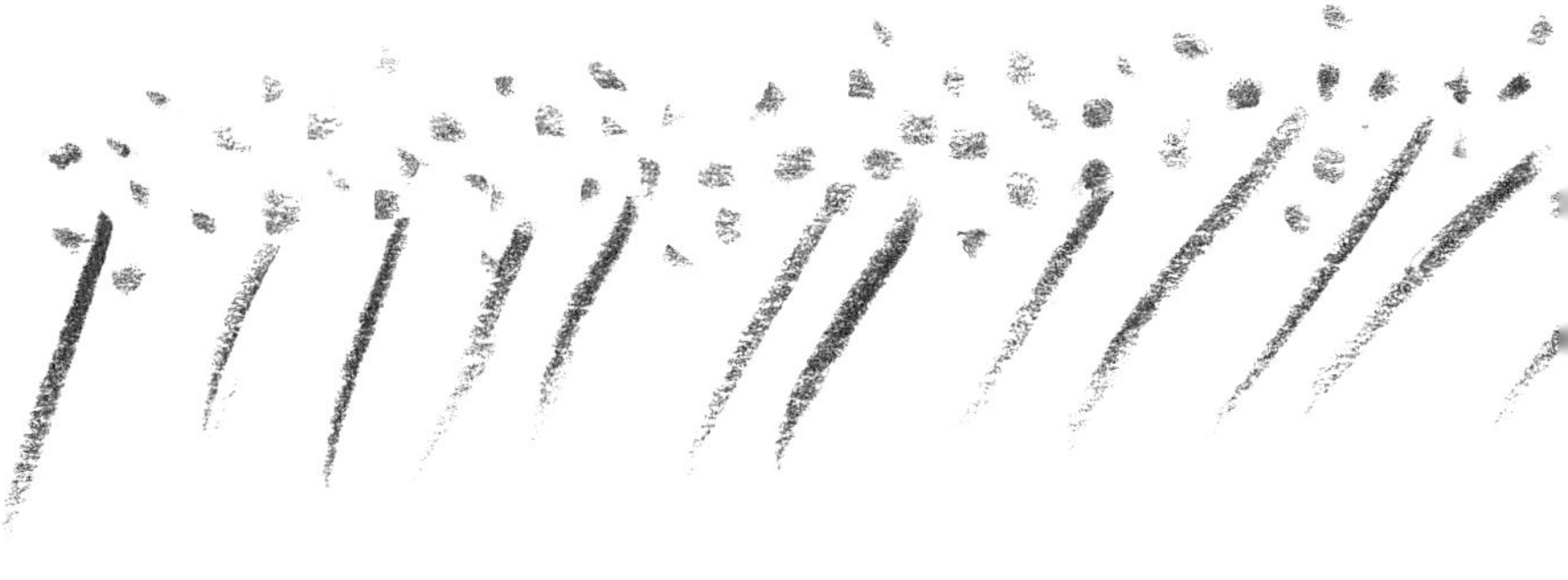

I

無限大《むげんだい》

無限大《むげんだい》

月《つき》のない夜《よる》
皿倉山《さらくらやま》の
ケーブルカーの光《ひかり》は
夜空《よぞら》へ続《つづ》く
星《ほし》の階段《かいだん》
一段一段《いちだんいちだん》
上《あ》がっていったら

足《あし》もとに打《う》ち寄《よ》せる
星屑《ほしくず》の海《うみ》

見《み》上《あ》げると
深《ふか》い闇《やみ》の向《む》こうに広《ひろ》がる
銀《ぎん》河《が》系《けい》

私《わたし》は　今《いま》
宇宙《うちゅう》の端《はし》っこに
立《た》っている

冬《ふゆ》の朝《あさ》

駅《えき》まで急《いそ》ぐ
線路沿《せんろぞ》いの土手《どて》
寒風《かんぷう》の中《なか》に
水仙《すいせん》

すくっと立《た》って
くびをかしげ
黄色《きいろ》いくちばしで
歌《うた》う

さざ波《なみ》のように
ひろがる
香気《こうき》

そこだけ
空気《くうき》が
やわらかい

そこだけ
ゆったり
冬時間《ふゆじかん》

早春《そうしゅん》

梢《こずえ》から
いっぺんに
芽《め》が
ふきだしたので

ひろがった
枝《えだ》の先《さき》まで
まあるくなった

さくら

音《おと》も立《た》てずに
ファンファーレ
いっせいに
花《はな》が開《ひら》きます

桜色《さくらいろ》に染《そ》まるから
遠《とお》くの桜《さくら》も
わかります

春《はる》ですよ

春ですね
羽《はね》を休《やす》めて
木《き》にとまる

木漏《こも》れ日《び》の
柔《やわ》らかい
陽射《ひざ》し
暖《あたた》かい
陽《ひ》だまり

今《いま》だけ
ほおっと
息《いき》をのむ

春《はる》うらら

桜色《さくらいろ》の風《かぜ》
菜《な》の花《はな》の行列《ぎょうれつ》
チューリップの
せいくらべ

おしゃべりな
ストック

スノーフレークの
くすくす笑《わら》い

パンジーの
うたた寝《ね》

ミツバチの
お茶会《ちゃかい》

うつろい

田《た》んぼに
はった水面《みなも》に
濃《こ》い山影《やまかげ》が
走《はし》る

空《そら》の青《あお》と
雲《くも》の白《しろ》

さかさまの
家《いえ》や電信柱《でんしんばしら》も
すべるように
遠《とお》ざかる

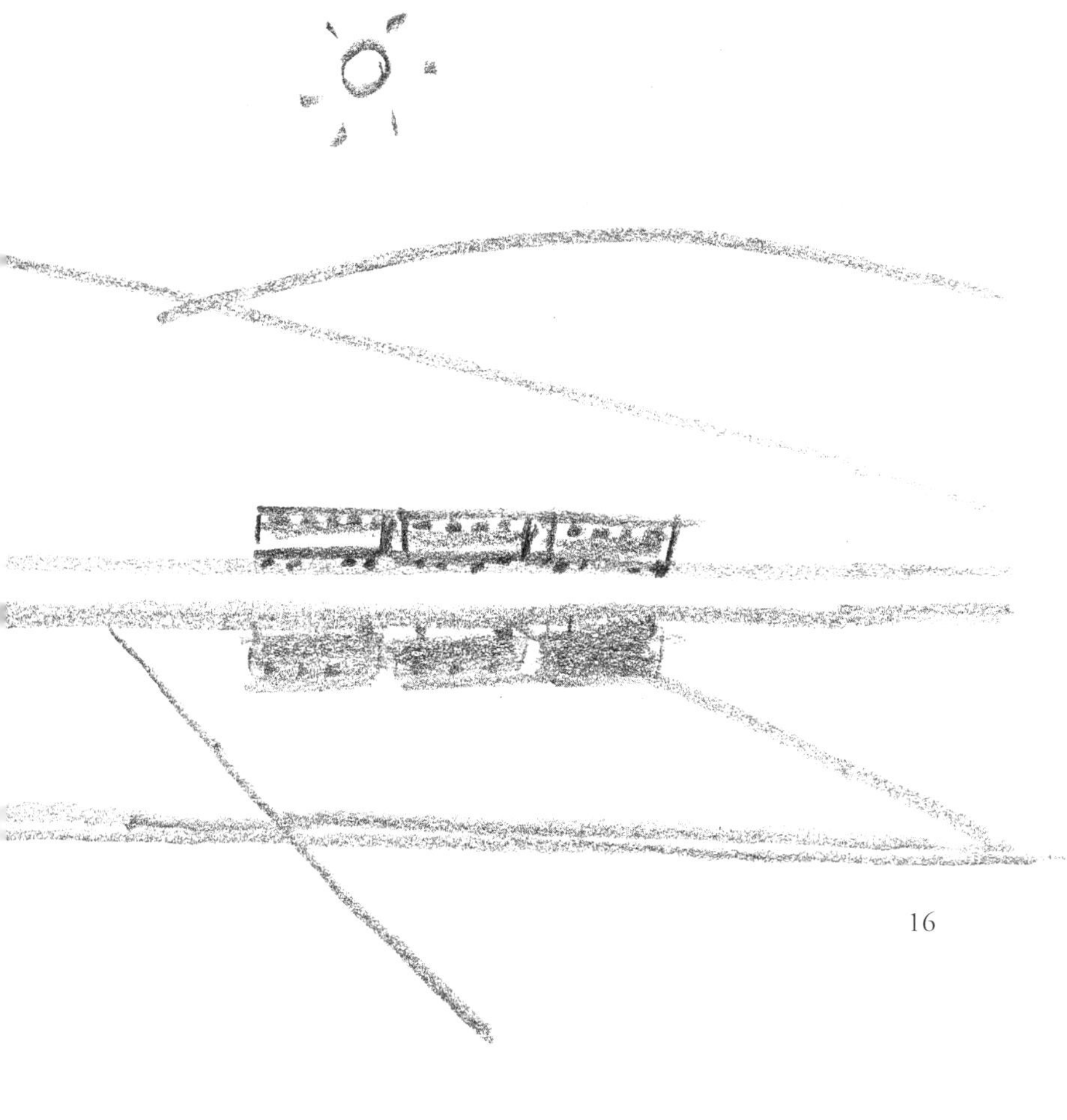

通勤電車《つうきんでんしゃ》の
車窓《しゃそう》に流《なが》れる
景色《けしき》は

春《はる》から
夏《なつ》へ

そして
もうすぐ
雨模様《あめもよう》

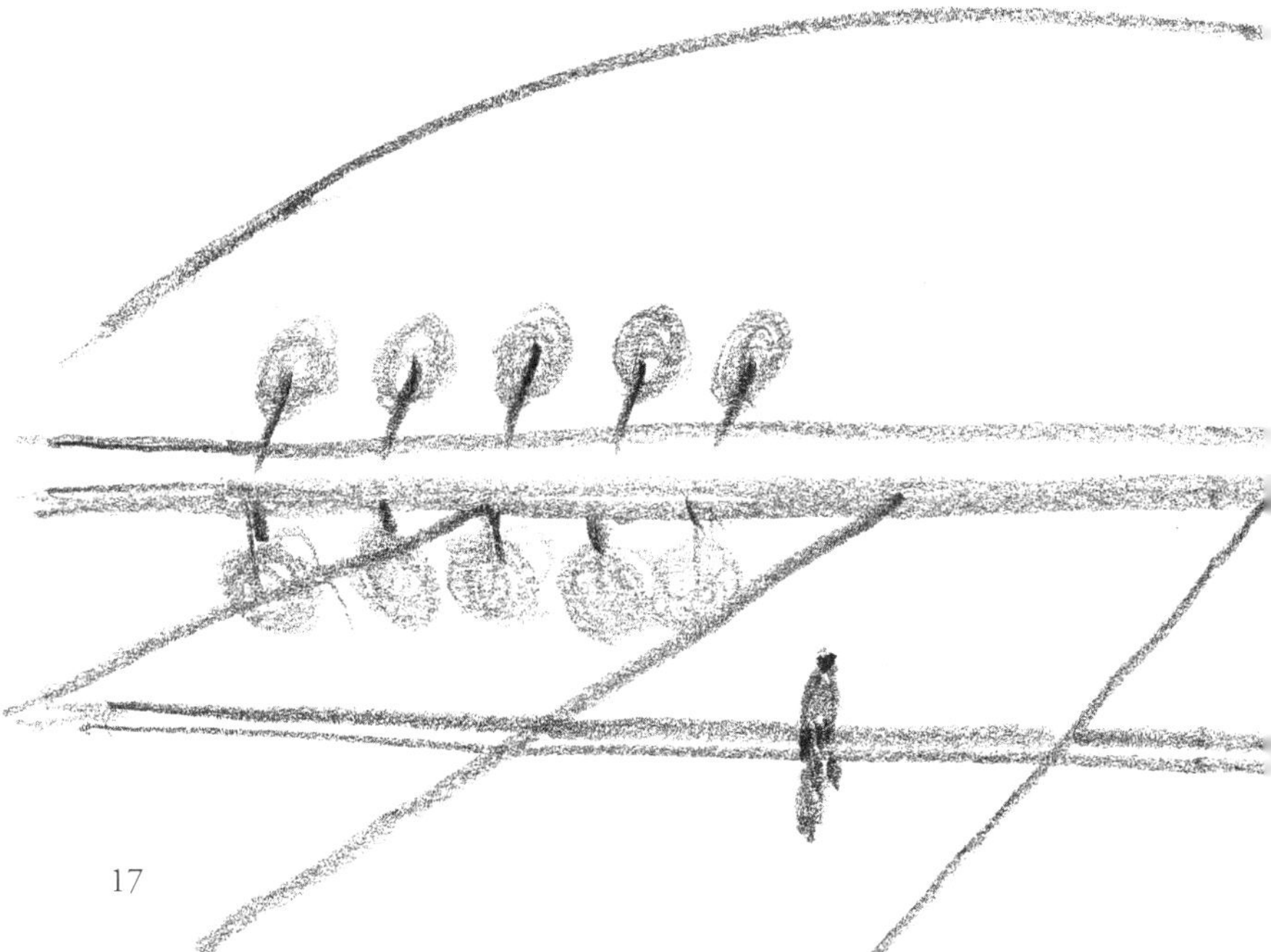

あじさい

萌黄色《もえぎいろ》の
うぶぎに
つつまれて
何色《なにいろ》の
服《ふく》を着《き》ようか
みんな
そわそわ

うきうき

あまつぶの
合図《あいず》で
わくわくが
はじけて
虹《にじ》の玉《たま》になった

雨《あめ》が好《す》き

傘《かさ》は
いりません
　　紫陽花《あじさい》

葉《は》っぱのうらで
ひと休《やす》み
　　かたつむり

ぴっちぴっち

ちゃっぷちゃっぷ
らんらんらん
水《みず》たまり

あがるまで
待《ま》っています
虹《にじ》

だけど…
明日《あした》は
降《ふ》らないで
てるてる坊主《ぼうず》

空《そら》のカタチ

どんよりと
曇《くも》った空にも
水《みず》たまり
青《あお》い空が
のぞいています

流《なが》れる雲《くも》と
同《おな》じように
空にも
カタチがあるんだよ

教《おし》えてくれたのは
あなたでした

今日《きょう》の空は
何《なん》のカタチに
見《み》えるでしょうか

上《うえ》ばかり
見《み》ていたら
水たまり
跳《は》ね上《あ》げた

盛夏《せいか》

目覚《めざ》まし時計《どけい》よりも
正確《せいかく》に
けたたましく
セミの声《こえ》
朝《あさ》っぱらから
大合唱《だいがっしょう》
まわりには

大《おお》きな木《き》など
ないのに

どこにいるのか
合唱団《がっしょうだん》

寝《ね》かせてよ
もう少《すこ》し

今日《きょう》は日曜日《にちようび》

夏《なつ》のおわり

いつの間《ま》にか
ツクツクボウシに変《か》わった
本番《ほんばん》に向《む》けて
虫《むし》たちがリハーサルを始《はじ》めた

だけど　まだ
夜風《よかぜ》はなまぬるく
アスファルトは
熱《ねっ》つぽい

人影《ひとかげ》少《すく》ない帰《かえ》り道《みち》

天上《てんじょう》に
こと座《ざ》のベガ
わし座のアルタイル
はくちょう座のデネブ
三《みっ》つの星《ほし》を結《むす》んだ
夏の大三角《だいさんかく》

夏のおわりと
秋《あき》のはじまり
どこかで
こっそり
すれ違《ちが》う

はろうちゅういほう

ハロー　ハロー
風《かぜ》の強《つよ》い日《ひ》は
「こんにちは」も
飛《と》ばされます

たいふういっか

大型《おおがた》で強《つよ》い台風《たいふう》が
吹《ふ》き荒《あ》れた後《あと》

たて続《つづ》けに
さらに大《おお》きな台風が
やってくるらしい

そして
はるか南《みなみ》の空《そら》に

次々《つぎつぎ》と
新《あたら》しいのが生《う》まれる
台風一家《たいふういっか》のおでまし

そういうことかと
思《おも》っていた

ボンボヤージュ

水平線《すいへいせん》を
目指《めざ》しているので
航海《こうかい》に
終《お》わりはない

太陽《たいよう》が
おやすみをいうとき
海《うみ》は真《ま》っ赤《か》に燃《も》えて
炎《ほのお》で船《ふね》も
赤《あか》く染《そ》まる

永遠《えいえん》に
繰《く》り返《かえ》される
一瞬《いっしゅん》の煌《きらめ》き

嗚呼《ああ》
今宵《こよい》は特別《とくべつ》

二万五千五百五十回目《にまんごせんごひゃくごじっかいめ》の
日没《にちぼつ》に

乾杯《かんぱい》

栗《くり》の実《み》

ころんころん
まろんまろん
秋《あき》が楽《たの》しくて
歌《うた》いたいけど
歌えないから

ころんころん
まろんまろん

秋がうれしくて
笑《わら》いたいのに
笑えないから

ころんころん
まろんまろん

いつまでも
いつまでも
転《ころ》がっていたい

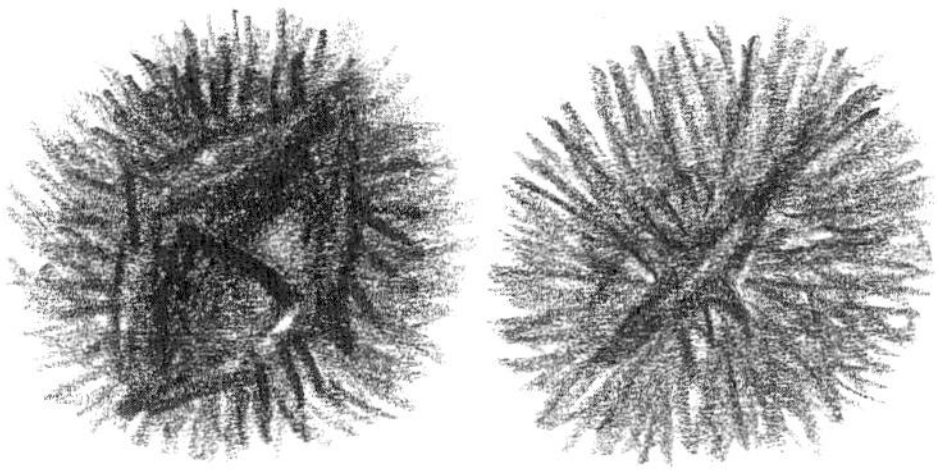

銀杏並木《いちょうなみき》

かどを曲《ま》がると
光《ひかり》のトンネル

緩《ゆる》やかなカーブの
通《とお》りの向《む》うまで
吹《ふ》き抜《ぬ》ける
黄色《きいろ》い風《かぜ》

秋《あき》の終《お》わりに
すっかり
身軽《みがる》になった木《き》は

いっせいに
背伸《せの》びして
細《ほそ》い細い枝《えだ》の先《さき》で
空《そら》をつついている

冬《ふゆ》の星座《せいざ》

深《ふか》まっていく
秋《あき》の夜長《よなが》
東《ひがし》の空《そら》に
オリオン座《ざ》

厳《おごそ》かに
ゆっくりと
冬を従《したが》えて
昇《のぼ》っていって

天高《てんたか》く
凍《い》てつく夜空《よぞら》に
君臨《くんりん》する

季節《きせつ》が
そおっと
ひとめぐり

ふくろう

たくさんの色《いろ》を
のみこんだので
夜《よる》は
漆黒《しっこく》になる

闇《やみ》にまぎれて
色たちが
逃《に》げ出《だ》さないように
ふくろうは

眼《め》をこらして
見張《みは》っている

朝《あさ》の光《ひかり》が射《さ》したとき
もとの世界《せかい》で
あるように

二万九千二百回目《にまんきゅうせんにひゃくかいめ》の夜が
もうすぐ
明《あ》ける

夢《ゆめ》

春《はる》は鳥《とり》
風《かぜ》に乗《の》って
大空《おおぞら》から
ゆったりお花見《はなみ》がしたい

夏《なつ》はさかな
何《なに》も聞《き》こえない
海《うみ》の中《なか》で
のんびり漂《ただよ》っていたい

秋《あき》はリス
紅葉《こうよう》した木々《きぎ》の間《あいだ》を
かけまわり
口《くち》いっぱい木《き》の実《み》を
ほおばりたい

冬《ふゆ》はくま
おいしいものいっぱい食《た》べて
電波《でんぱ》が届《とど》かない
山奥《やまおく》の洞穴《ほらあな》の
ふかふか枯葉《かれは》のベッドで
ぐっすり眠《ねむ》っていたい

Ⅱ

旅《たび》の途中《とちゅう》

梅雨《つゆ》のまえに

いろいろなことが
ありました
たくさんの出会《であ》いも
ありました

まだまだ
旅《たび》の途中《とちゅう》です

おひとつ
いかが

もぎたての
夏《なつ》みかん
そっと
手《て》渡《わた》され

ゆっくり
前《まえ》に進《すす》みます

霜月《しもつき》

運動会《うんどうかい》や遠足《えんそく》
イベントでもりだくさんの十月《じゅうがつ》と
クリスマス　大掃除《おおそうじ》　年《とし》の暮《く》れ
ばたばたと駆《か》け足《あし》で通《とお》り過《す》ぎる
十二月《じゅうにがつ》にはさまれて
ひっそりと静《しず》かな十一月《じゅういちがつ》

空《そら》は抜《ぬ》けるように高《たか》く青《あお》く
街路樹《がいろじゅ》の銀杏《いちょう》は金色《きんいろ》に輝《かがや》く
風《かぜ》で舞《ま》い降《お》りた枯葉《かれは》は
最後《さいご》の言葉《ことば》を交《か》わしあう

路地《ろじ》に入《はい》ると
かすかに残《のこ》る金木犀《きんもくせい》が
秋《あき》の終《お》わりを告《つ》げている

きまぐれな木枯《こが》らしに
背中《せなか》を押《お》されても
まだ厚《あつ》いコートをはおるほど
寒《さむ》くはない

気《き》がつけばもう十一月
小春日和《こはるびより》の穏《おだ》やかな午後《ごご》
私《わたし》は読《よ》みかけの本《ほん》を
開《ひら》く

おまんじゅうやさん

わたしが子《こ》どものころから
おばあちゃんだった
大人《おとな》になった今《いま》も
おばあちゃんのまま

代替《だいが》わりしたけれど
変《か》わらない笑顔《えがお》で
いらっしゃい

今年《ことし》　百歳《ひゃくさい》になるのよ
お嫁《よめ》さんが笑《わら》う
ふるさとの
おまんじゅうやさん

夏《なつ》は「氷《こおり》」の旗《はた》をあげる

いちご
メロン
マンゴー
みぞれ
ブルーハワイ

生《なま》レモン
ミルクセーキ
わたしの一番《いちばん》は
抹茶《まっちゃ》

懐《なつ》かしさのあまり
つい
抹茶ミルククリーム金時《きんとき》
大盛《おおも》りで

おさかなはかせ

このさかなは
煮《に》つけると美味《おい》しいよ
こっちは
焼《や》いたほうがいいね

あっ石鯛《いしだい》のさしみは
高級品《こうきゅうひん》
皮《かわ》に熱湯《ねっとう》を
ちゅんとかけて

氷水《こおりみず》で
ぐっとしめて

ばあちゃんは
なんでも知《し》っている

そうだ今夜《こんや》は
イカの刺身《さしみ》と
キスの天《てん》ぷらでいいかね

天ぷらなら
エビのほうがいいな

僕《ぼく》は思《おも》った
そんなことより
くすくすくすと笑《わら》い声《ごえ》
早《はや》くあっちへ行《い》こう
イルカのショーが
始《はじ》まるよ

おじいちゃん

グーにした手《て》を
どんと床《ゆか》にうちつけて
「げんこつは　いらんか」
足《あし》の親指《おやゆび》と人差《ひとさ》し指《ゆび》で
ぎゅっと
足をつままれたね
〽エスキモーのあいさつ
知《し》ってるの知らないの

へんな節《ふし》で歌《うた》いながら
近《ちか》づいてきて
両手《りょうて》で顔《かお》をぱっとはさんで

〽お鼻《はな》とお鼻を
つるりとこする

あった
あった

された
された

いつの間《ま》にか
大《おお》きくなった僕《ぼく》らを
まぶしそうに
見上《みあ》げて

「やあ　いらっしゃい」
両手《りょうて》をひろげて
おどけたしぐさで

だけど
あれは
嫌《いや》だったね

エスキモーの
孫《まご》たち
八人《はちにん》の思《おも》い出《で》は
みんな同《おな》じだ
笑顔《えがお》がならんだ
通夜《つや》の席《せき》

梅酒《うめしゅ》

今年《ことし》も庭《にわ》の梅《うめ》の木《き》に
たわわに実《みの》った
青《あお》い梅

ほうほうほう
父《とう》さんは目《め》を細《ほそ》め
梅酒を漬《つ》けんと
いかんなあ

果実酒用《かじつしゅよう》の焼酎《しょうちゅう》と
氷砂糖《こおりざとう》と
梅の実《み》の割合《わりあい》は
いったい
いったい
いち

赤《あか》いふたを
ギュギュッと
まわして
梅酒が三本《さんぼん》
できました

元旦《がんたん》

初日《はつひ》の出《で》を見《み》ようと
父《ちち》と風師山《かざしやま》に登《のぼ》った
この時《とき》だけわたしは
にわか登山家《とざんか》
同《おな》じような人《ひと》たちで
いつもならしんと静《しず》まり返《かえ》っている
暗《くら》い山道《やまみち》もにぎやかになる

じんじんして痛《いた》いと

私《わたし》の耳《みみ》が文句《もんく》を言《い》う
もう少《すこ》しだからと
息《いき》が上《あ》がった声《こえ》で
励《はげ》ましながら
ひたすら歩《ある》く

山頂《さんちょう》では　ぜんざいが
ふるまわれていた
ぜんざいって
こんなに美味《おい》しかったんだ
こわばった身体中《からだじゅう》が喜《よろこ》んだ

ざわついていた人々《ひとびと》はやがて
思《おも》い思いの場所《ばしょ》に立《た》ち
皆同《みなおな》じ方角《ほうがく》を向《む》いて
その瞬間《しゅんかん》を待《ま》っている

厚《あつ》い雲《くも》の切《き》れ間《ま》から
かすかな光《ひかり》が射《さ》したとき
どよめきがため息《いき》に変《か》わり
新《あたら》しい年《とし》が始《はじ》まる

父《ちち》の靴《くつ》

父が長年愛用《ながねんあいよう》している靴は
もうすっかり履《は》き古《ふる》されて
革《かわ》はひび割《わ》れ
かかとはすりへり
痛々《いたいた》しい

ベテラン刑事《けいじ》の靴だって
これよりましじゃない？
「もうそろそろ買《か》い替《か》えたら」と
お勧《すす》めしても

「ねえいい加減《かげん》買い替えてよ」と
お願《ねが》いしても
父は一言《ひとこと》
「まだ　履ける」

三人《さんにん》の娘《むすめ》たちは話《はな》し合《あ》って
プレゼントは靴に決《き》まった

今日《きょう》からは
この靴を履いて
いつまでも元気《げんき》でいてね
おとうさん
誕生日《たんじょうび》おめでとう

満開《まんかい》

薄紅色《うすべにいろ》の空《そら》
薄紅色の私《わたし》

父《ちち》をみおくって
巡《めぐ》ってきた季節《きせつ》

悲《かな》しみを
すいあげて
光《ひかり》になれ

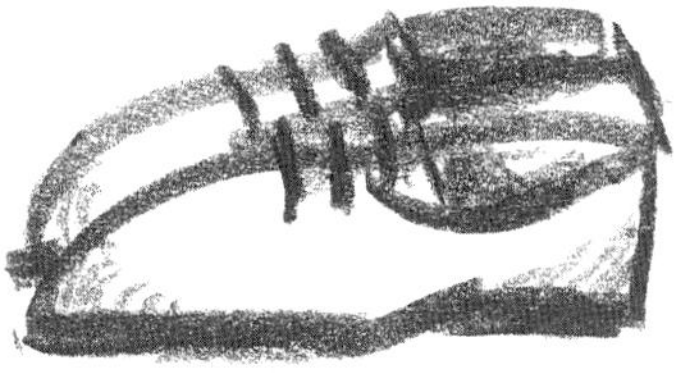

誕生日《たんじょうび》

たくさんの喜《よろこ》びを
花束《はなたば》にかえて
あなたに届《とど》けたい
誕生月《たんじょうづき》に咲《さ》く花《はな》を
歳《とし》の数《かず》だけ
リボンで結《むす》んで
ハッピイ　ハッピイ
バースデイ

風《かぜ》に花《はな》びらが
さらわれないように
想《おも》いが駆《か》け出《だ》して
先《さき》に行《い》ってしまわないように

しっかり
そっと
胸《むね》に抱《だ》いて
ゆっくり
ゆっくり
あなたのもとへ

五月《ごがつ》の空《そら》のように

わたしの一番最初《いちばんさいしょ》のアルバムの
見開《みひら》きに遺《のこ》された
懐《なつ》かしい母《はは》の文字《もじ》

五月の空のように
さわやかな心《こころ》で
澄《す》んだ瞳《ひとみ》であってほしいと
さやか

新緑《しんりょく》が光《ひかり》に溶《と》けて
すきとおる五月
初夏《しょか》のさわやかな風《かぜ》の中《なか》で
思《おも》いっきり両手《りょうて》を広《ひろ》げて
深《ふか》く長《なが》く
深呼吸《しんこきゅう》がしたくなる

ねえ
おかあさん
自分《じぶん》の名前《なまえ》にふさわしく
ありたいと
いつも願《ねが》っているけど

わがままで
強情《ごうじょう》で
へそ曲《ま》がり

どんなに深《ふか》く落《お》ち込《こ》んでも
何回《なんかい》　反省会《はんせいかい》を開《ひら》いても
なかなか改善《かいぜん》は難《むずか》しい

それでも

新芽《しんめ》が　大空《おおぞら》を目指《めざ》して
ぐんぐんのびていくように

わたしも
私《わたし》の中《なか》のかたい殻《から》を打《う》ち破《やぶ》って
もっと強《つよ》く
しなやかに
生《い》きていきたい

寒《さむ》い日《ひ》の朝《あさ》は

えいっ
気合《きあい》を入《い》れて飛《と》び起《お》きる
鋭《するど》い冷気《れいき》が
いっせいに解《と》き放《はな》たれた
矢《や》のように
身体中《からだじゅう》につきささる
やあっ
さらなるパワーで
振《ふ》り払《はら》う

いつだって
朝はぎりぎり
てんてこ舞《ま》い

「いい加減《かげん》早《はや》く
起《お》きなさい」
母《かあ》さんの叫《さけ》び声《ごえ》

でもだって
わたしの辞書《じしょ》に
「早《はや》起《お》き」はない

木《き》の芽《め》和《あ》え

母《はは》が大《おお》きなすり鉢《ばち》を取《と》り出《だ》して
「庭《にわ》から山椒《さんしょう》の芽《め》を摘《つ》んできて
柔《やわ》らかそうなのをお願《ねが》いね」
と言《い》ったその日《ひ》の夕食《ゆうしょく》は
筍《たけのこ》の木の芽和え

山椒の木のすりこぎで
ていねいに
木の芽をすりつぶして
白《しろ》みそ　砂糖《さとう》　酢《す》を入《い》れていく
分量《ぶんりょう》は母の頭《あたま》の中《なか》
薄味《うすあじ》でたいた筍と

さっと茹《ゆ》でた甲《こう》イカを入れる
「甲イカが手《て》に入《はい》らない時《とき》は
かまぼこでもいいのよ」と言いながら
いろんな味《あじ》がしみ込《こ》んだ木べらで
ざっくりと混《ま》ぜていく

私《わたし》は両手《りょうて》ですり鉢をささえながら
じっと見《み》てきたけれど
もっとちゃんと聞《き》いておけばよかった
スーパーで
木の芽のパックを見《み》つけると
恋《こい》しくなる
母の味

私《わたし》の利《き》き手《て》

左利《ひだりき》きだった祖母《そぼ》のＤＮＡ
時《とき》を経《へ》て
どんぴしゃ　わたしが引《ひ》き当《あ》てた
四人《よにん》きょうだいでただ一人《ひとり》
四分《よんぶん》の一《いち》の確率《かくりつ》で

子《こ》を思《おも》う親心《おやごころ》
母《はは》は躍起《やっき》になったけど
私の左利きは　なおらない

負《ま》けず嫌《ぎら》いな母親《ははおや》と
強情《ごうじょう》な娘《むすめ》の一騎打《いっきう》ち
どちらとも
一歩《いっぽ》も譲《ゆず》らぬ攻防戦《こうぼうせん》

されど
まだいたいけな幼子《おさなご》が
母に勝《か》てるわけもなく
ランドセルを背負《せお》う頃《ころ》
わたしは右手《みぎて》に
鉛筆《えんぴつ》を持《も》った

箸《はし》はもちろん左手に
右利き用《よう》のはさみも
左手で使《つか》う

ぞうきんをしぼるのも逆《ぎゃく》

バトミントン
右手でサーブを打《う》って
左手で打ち返《かえ》す

右手でりんごの皮《かわ》をむき
左手で切《き》り分《わ》ける

右手と左手
仲良《なかよ》く仕事《しごと》を
分《わ》け合《あ》ううちに
わたしは利き手が
分《わ》からなくなった

お彼岸《ひがん》

どぼんと
飛《と》び込《こ》んで
泳《およ》ぎたくなるような
青空《あおぞら》

田《た》んぼをふちどる
赤《あか》い花《はな》
墓石《はかいし》を
たわしでこすって

タオルでふいて
花を供《そな》えて
線香《せんこう》に火《ひ》をつける

いつもの手順《てじゅん》で
最後《さいご》に
そっと
手《て》をあわせる

母《はは》が好《す》きだった
彼岸花《ひがんばな》
炎《ほのお》になって
ゆらゆら揺《ゆ》れた

お正月《しょうがつ》

おせちといったら
黒豆《くろまめ》
箸《はし》でひとつぶひとつぶ
つまみながら
つぶやく

子《こ》どものころ
大晦日《おおみそか》の台所《だいどころ》
ストーブの上《うえ》の

大《おお》きな鍋《なべ》の中《なか》で
コトコト
コトコト
煮《に》えていた

錆《さび》くぎは
つややかな黒《くろ》に
染《そ》めるため

しわなく
ふっくら
できますように

おまじないを
かけながら
母《はは》は　そっと
ふたをした

あの頃《ころ》は
好《す》きとか
嫌《きら》いとか
考《かんが》えたことも
なかったのに

やっぱり

おせちといったら
黒豆
ひとつぶひとつぶ
思《おも》い出《で》と一緒《いっしょ》に
かみしめる

ひとり

二十八年前《にじゅうはちねんまえ》に
母《はは》を見送《みおく》った

同《おな》じ場所《ばしょ》で
きのう
父《ちち》とお別《わか》れをした

わたしを
つないでいたものが
ぷつりと
切《き》れて

ふわふわ
ふわふわ
根《ね》無《な》し草《ぐさ》みたいに
流《なが》されて

くるくる
くるくる

どこにむかって
いるのか
どうすれば
いいのか
今《いま》は
ただ…

如月《きさらぎ》

父《ちち》が亡《な》くなった夜《よる》
梅《うめ》の花《はな》が
満開《まんかい》になった

もうすぐ
わしの誕生日《たんじょうび》だと
笑《わら》っていたのに
八十四歳《はちじゅうよんさい》に
なるはずだったのに

申年《さるどし》の梅《うめ》は
縁起《えんぎ》がいいって

いっしょに梅酒《うめしゅ》
作《つく》りたかった

かあさんのところに
いったのね
もう
寂《さび》しくないね

庭《にわ》のすみで
ほんのり白《しろ》く
ひかっている

別《わか》れの悲《かな》しみ

主《あるじ》がいなくなった
家《いえ》の庭先《にわさき》に
星《ほし》の形《かたち》の
白《しろ》い花《はな》

名残雪《なごりゆき》のように
一面《いちめん》に
ふりつもり

思《おも》い出《で》だけを
残《のこ》して
ゆっくりと
とけていく

ハナニラ

花言葉《はなことば》は
別れの悲しみ

おかあさんへ

白《しろ》い雲《くも》の便箋《びんせん》に
手紙《てがみ》をかきました
青《あお》い空《そら》を切《き》りとって
封筒《ふうとう》をつくりました
星《ほし》の切手《きって》をはって
風《かぜ》にのせたら
あなたに届《とど》きますか

夢《ゆめ》の途中《とちゅう》で

逝《い》ってしまった
あなたの歳《とし》に
追《お》いついたとき
わたしは
ふいに
その夢の続《つづ》きを
編《あ》みはじめました

ふぞろいだらけの
編《あ》み目《め》です
いくつになっても
不器用《ぶきよう》なままで

あなたのようには
いきませんが
笑《わら》ってみていて
くださいね

私《わたし》も詩人《しじん》に
なれますか

風《かぜ》の中《なか》に
光《ひかり》の中に
こたえを
さがしています

二篇《にへん》の詩《し》

それは偶然《ぐうぜん》だったのと
その人《ひと》は言《い》った
待《ま》ち合《あ》わせしていた
公園《こうえん》の片隅《かたすみ》に
小《ちい》さな詩碑《しひ》
そこに刻《きざ》まれた
「ふきのとう」
心《こころ》がほどけて
涙《なみだ》がでたの

わたしにもある
何気《なにげ》なく手《て》にした
一冊《いっさつ》の詩集《ししゅう》
ぱらりと開《ひら》いた
ページに
「たんぽぽ」
わたしの
心の真《ま》ん中《なか》に
すとんと落《お》ちて
ストライク
アンパイアが
大《おお》きく腕《うで》を
突《つ》き出《だ》した

ウィンドウショッピング

さまざまな形《かたち》の
帽子《ぼうし》たちは
にぎやかに
さえずって

色《いろ》とりどりの
靴《くつ》は皆《みな》
お昼寝中《ひるねちゅう》

はやりの服《ふく》を着《き》た
マネキンは

たいくつそうに
外《そと》を見《み》ている

ぶらぶら歩《ある》く
休日《きゅうじつ》の昼下《ひるさ》がり

迷子《まいご》になりそうな
本《ほん》の森《もり》で
わたしは

心《こころ》のサイズに
ぴったりの
詩《し》を
見《み》つけた

スケッチブック

イーゼルに画用紙《がようし》を
たてかけて
好《す》きな絵《え》の具《ぐ》を水《みず》で溶《と》き
風景《ふうけい》を切《き》り取《と》るように

わたしは
わたしが感《かん》じたままを
言葉《ことば》でスケッチ

パステルカラーや
モノトーン
その日《ひ》の気分《きぶん》で
画家《がか》をきどって
文字《もじ》をならべる

わたしだけの
風景画《ふうけいが》

待《ま》っている

詩《し》はずっと
息《いき》をひそめて

はやく
よんでもらいたいけど

順番《じゅんばん》じゃないのは
分《わ》かっているから

肩《かた》をそっとたたかれても
うれしい

大《おお》きな声《こえ》でよんでもらえたら
もっとうれしい

だれかのこころを
くすぐってみたい
そんな野望《やぼう》を
胸《むね》に秘《ひ》めて

ききみみをたてながら
眠《ねむ》ったふり
なんでもないような顔《かお》をして

ただじっと
待っている

あとがき

私の母みずかみかずよは、詩人でした。

昭和六十三年十月、五十三歳でその生涯を閉じた時、私は二十七歳でした。

月日のたつのは早いもので、私は母の歳に追いつき、ついに追い越してしまいました。あの時、もっと生きたい、まだまだ書きたいと強く願っていた母の気持ちが、ようやく今になって、わかるような気がしています。

母が詩を書いていた時は、なんとなく母の書いたものを読むことが照れくさかったり、母が夢中になっているものに、焼きもちを焼いたりして、私は母の詩に、知らんぷりをしていました。

二十代の頃、「あなたも詩をお書きになるの?」と問われた時には、全速力で逃げ出したくもなりました。


父と母は、児童文学同人誌「小さい旗」の会で出会い、結婚しました。そののち、休刊していた「小さい旗」を、二人で主宰、復刊させました。母が亡き後も、父はずっと「小さい旗」を守ってきました。その父が高齢となり、私は父を手伝ううちに、「あなたも詩を書きませんか？」と同人たちから背中を押されて、入会することになりました。私が五十三歳の時です。

それから「小さい旗」発行のたびに、叱咤激励されながら、母が生きたくても生きられなかった時間に、私は今詩を書いています。

母と詩について話をしておけばよかった。もっとちゃんと聞いておけばよかった。


同人たちや、友人、知人、私の周りのたくさんの人たちに温かく見守られて、私の初めての詩集『五月の空のように』が生まれました。

表紙、挿画を、母と読んでいた「詩とメルヘン」で出会ってからずっと憧れている葉祥明先生がお引受け下さったことは、無上の喜びです。出版に関して、親身のお世話を頂いた銀の鈴社、みな様に心から感謝申し上げます。

ありがとうございました。


この詩集を、亡き父と母に捧げます。

みずかみさやか

詩・みずかみさやか（本名　粟谷《あわや》さやか）

1961年５月　福岡県北九州市に生まれる
現在　福岡県宗像市在住　会社員
児童文学同人誌「小さい旗」同人
日本児童文学者協会準会員

絵・葉 祥明（よう しょうめい）

1946年　熊本市に生まれる
1990年　創作絵本「風とひょう」ボローニャ国際児童図書展グラフィック賞
1991年　北鎌倉に葉祥明美術館
2002年　葉祥明阿蘇高原絵本美術館

葉 祥明美術館
〒247-0062　神奈川県鎌倉市山ノ内318-4
Tel. 0467-24-4860　年中無休　10：00～17：00

葉 祥明阿蘇高原絵本美術館
〒869-1404　熊本県阿蘇郡南阿蘇村河陽池ノ原5988-20
Tel. 0967-67-2719　年中無休　10：00～17：00

NDC916
神奈川　銀の鈴社　2016
112頁　21cm（五月の空のように）

ジュニアポエムシリーズ　264　　2016年12月25日発行
本体1,600円＋税

五月の空のように

著　　者　　詩・みずかみさやかⒸ　絵・葉祥明Ⓒ
発 行 者　　柴崎聡・西野真由美
編集発行　　㈱銀の鈴社 TEL 0467-61-1930　FAX 0467-61-1931
〒248-0005　神奈川県鎌倉市雪ノ下3-8-33
http://www.ginsuzu.com
E-mail　info@ginsuzu.com

ISBN978−4−87786−283−1　C8092　　印刷　電算印刷
落丁・乱丁本はお取り替え致します　　製本　渋谷文泉閣

…ジュニアポエムシリーズ…

1	鈴木敏史詩集 宮下琢郎・絵	星の美しい村	★☆
2	小池知子詩集 高志孝子・絵	おにわいっぱいぼくのなまえ	★☆
3	鶴岡千代子詩集 武田淑子・絵	白い虹	児文芸新人賞
4	楠木しげお詩集 久保雅勇・絵	カワウソの帽子	
5	津坂治男詩集 垣内美穂・絵	大きくなったら	★◇
6	後藤れい子詩集 山本まつ子・絵	あくたれぼうずのかぞえうた	
7	北村蔦子詩集 柿本幸造・絵	あかちんらくがき	
8	吉田瑞穂詩集 吉田翠・絵	しおまねきと少年	⍃★◎
9	新川和江詩集 葉祥明・絵	野のまつり	★☆
10	阪田寛夫詩集 織茂恭子・絵	夕方のにおい	◆★☆○
11	高田敏子詩集 若山憲・絵	枯れ葉と星	★☆
12	原田直友詩集 吉田翠・絵	スイッチョの歌	★◎
13	小林純一詩集 久保雅勇・絵	茂作じいさん	◉★☆●◎
14	谷川俊太郎詩集 長新太・絵	地球へのピクニック	★◎
15	与田準一詩集 深沢省三・深沢紅子・絵	ゆめみることば	★
16	岸田衿子詩集 中谷千代子・絵	だれもいそがない村	
17	江間章子詩集 榊原直美・絵	水と風	◇◎
18	原田直友詩集 小野まり・絵	虹―村の風景―	★
19	福田正夫詩集 福田達夫・絵	星の輝く海	★☆
20	草野心平詩集 長野ヒデ子・絵	げんげと蛙	★☆○◇
21	宮田滋子詩集 青木まさる・絵	手紙のおうち	☆○
22	久保田昭三詩集 斎藤彬子・絵	のはらでさきたい	
23	鶴岡千代子詩集 加倉井和夫・武田淑子・絵	白いクジャク	★●
24	尾上尚子詩集 まど・みちお・絵	そらいろのビー玉	★☆ 児文協新人賞
25	水上紅詩集 深沢紅子・絵	私のすばる	☆
26	野呂昶詩集 福島一二三・絵	おとのかだん	★
27	こやま峰子詩集 武田淑子・絵	さんかくじょうぎ	☆
28	青戸かいち詩集 駒宮録郎・絵	ぞうの子だって	
29	まきたかし詩集 福田達夫・絵	いつか君の花咲くとき	★☆♡
30	薩摩忠詩集 駒宮録郎・絵	まっかな秋	★☆♡
31	新川和江詩集 福島一二三・絵	ヤァ!ヤナギの木	★☆○♡
32	井上靖詩集 駒宮録郎・絵	シリア沙漠の少年	★☆♡
33	古村徹三 詩・絵	笑いの神さま	
34	江上波夫詩集 青空風太郎・絵	ミスター人類	○☆
35	秋原秀夫詩集 鈴木義治・絵	風の記憶	★◎
36	水村三千夫詩集 武田淑子・絵	鳩を飛ばす	
37	久冨純江詩集 渡辺安芸夫・絵	風車 クッキングポエム	
38	日野生三詩集 吉野晃希男・絵	雲のスフィンクス	★
39	佐藤雅子詩集 佐藤太清・広瀬きよみ・絵	五月の風	★
40	小黒恵子詩集 武田淑子・絵	モンキーパズル	★
41	木村信子詩集 山本典子・絵	でていった	
42	中野栄子詩集 吉田翠・絵	風のうた	☆
43	宮田滋子詩集 牧村慶子・絵	絵をかく夕日	★
44	大久保テイ子詩集 渡辺安芸夫・絵	はたけの詩	★☆
45	秋原秀夫詩集 赤星亮衛・絵	ちいさなともだち	♥

☆日本図書館協会選定(2015年度で終了)　●日本童謡賞　♧岡山県選定図書　◇岩手県選定図書
★全国学校図書館協議会選定(SLA)　♡日本子どもの本研究会選定　◆京都府選定図書
□少年詩賞　■茨城県すいせん図書　♥秋田県選定図書　⍃芸術選奨文部大臣賞
○厚生省中央児童福祉審議会すいせん図書　♣愛媛県教育会すいせん図書　◉赤い鳥文学賞　◆赤い靴賞

…ジュニアポエムシリーズ…

46 日友靖子詩集 藤城清治・安西明美・絵 猫曜日だから ◆☆
47 秋葉てる代詩集 武田淑子・絵 ハープムーンの夜に ♡
48 こやま峰子詩集 山本省三・絵 はじめのいーっぽ ★♡
49 黒柳啓子詩集 金子滋・絵 砂かけ狐 ♡
50 三枝ますみ詩集 武田淑子・絵 ピカソの絵 ☆♡●
51 夢虹二詩集 武田淑子・絵 とんぼの中にぼくがいる ♡○♥
52 はたちよしこ詩集 まど・みちお・絵 レモンの車輪 □♧
53 大岡信詩集 葉祥明・絵 朝の頌歌 ★☆♡♥◎
54 吉田瑞穂詩集 吉田翠・絵 オホーツク海の月 ★☆♡
55 さとう恭子詩集 村上保・絵 銀のしぶき ★☆♡
56 星乃ミミナ詩集 葉祥明・絵 星空の旅人 ★☆♡
57 葉祥明 詩・絵 ありがとう そよ風 ★♡▲
58 青戸かいち詩集 初山滋・絵 双葉と風
59 小野ルミ詩集 和田誠・絵 ゆきふるるん ★☆●♡
60 なぐもはるき 詩・絵 たったひとりの読者 ★♡☼

61 小関秀夫詩集 小倉玲子・絵 風《かざ》栞《しおり》 ★♡♥
62 海沼松世詩集 守下さおり・絵 かげろうのなか ☆♡
63 山本龍生詩集 小倉玲子・絵 春行き一番列車 ♡
64 小泉周二詩集 深沢省三・絵 こもりうた ★☆♡
65 かわてせいぞう詩集 若山憲・絵 野原のなかで ♡★♥
66 えぐちまき詩集 赤星亮衛・絵 ぞうのかばん ♡◆♥
67 池田あきつ詩集 小倉玲子・絵 天気雨 ♡
68 藤井則行詩集 君島美知子・絵 友へ ♡♤
69 藤哲生詩集 武田淑子・絵 秋いっぱい ★♠
70 日友靖子詩集 深沢紅子・絵 花天使を見ましたか ★
71 吉田瑞穂詩集 吉田翠・絵 はるおのかきの木 ★
72 小島禄琅詩集 中村陽子・絵 海を越えた蝶 ☆★♥♡
73 にしおまさこ詩集 杉田幸子・絵 あひるの子 ★
74 山下竹二詩集 徳田徳志芸・絵 レモンの木 ★
75 高崎乃理子詩集 奥山英俊・絵 おかあさんの庭 ★♡

76 檜きみこ詩集 広瀬弦・絵 しっぽいっぽん ★●□☆♡
77 たかはしけいこ詩集 高田三郎・絵 おかあさんのにおい ♡♣□
78 星乃ミミナ詩集 深澤邦朗・絵 花かんむり ♥☆♡
79 佐藤照雄詩集 津波信久・絵 沖縄 風と少年 ☆♡★
80 相馬梅子詩集 やなせたかし・絵 真珠のように ♥★
81 小島禄琅詩集 深沢紅子・絵 地球がすきだ ★
82 鈴木美智子詩集 黒澤梧郎・絵 龍のとぶ村 ◇★♥
83 いがらしれいこ詩集 高田三郎・絵 小さなてのひら ☆
84 宮入黎子詩集 小倉玲子・絵 春のトランペット ☆★
85 下田喜久美詩集 方振寧・絵 ルビーの空気をすいました ☆
86 野呂昶詩集 方振寧・絵 銀の矢ふれふれ ★
87 ちよはらまちこ詩集 ちよはらまちこ・絵 パリパリサラダ ★
88 秋原秀夫詩集 徳田徳志芸・絵 地球のうた ☆★
89 中島あやこ詩集 井上緑・絵 もうひとつの部屋 ★
90 藤川こうのすけ詩集 葉祥明・絵 こころインデックス ☆

✲サトウハチロー賞　✣毎日童謡賞
☼三木露風賞
♤福井県すいせん図書
▲神奈川県児童福祉審議会推薦優良図書
♠奈良県教育研究会すいせん図書
♧北海道選定図書　֍三越左千夫少年詩賞
◈静岡県すいせん図書
◎学校図書館図書整備協会選定図書（SLBA）

…ジュニアポエムシリーズ…

91 新井和詩集 高田三郎・絵 おばあちゃんの手紙 ☆★
92 はなわたえこ詩集 えばとかつこ・絵 みずたまりのへんじ ★●
93 柏木恵美子詩集 武田淑子・絵 花のなかの先生 ☆
94 中原千津子詩集 寺内直美・絵 鳩への手紙 ★
95 髙瀬美代子詩集 小倉玲子・絵 仲なおり ★
96 杉本深由起詩集 若山憲・絵 トマトのきぶん ☆★◎ 児文芸新人賞
97 宍倉さとし詩集 守下さおり・絵 海は青いとはかぎらない
98 石井英行詩集 有賀忍・絵 おじいちゃんの友だち ■
99 なかのひろ詩集 アサト・シェラ・絵 とうさんのラブレター ☆★
100 小松静江詩集 藤川秀之・絵 古自転車のバットマン
101 石原一輝詩集 加藤真夢・絵 空になりたい ☆★
102 小泉周二詩集 西真里子・絵 誕生日の朝 ☆■★
103 くすのきしげのり童謡 わたなべあきお・絵 いちにのさんかんぴ ☆★
104 成本和子詩集 小倉玲子・絵 生まれておいで ☆★♡
105 伊藤政弘詩集 小倉玲子・絵 心のかたちをした化石 ★

106 川崎洋子詩集 井戸妙子・絵 ハンカチの木 □★☆
107 柘植愛子詩集 油野誠一・絵 はずかしがりやのコジュケイ
108 新谷智恵子詩集 葉祥明・絵 風をください ☆●♡
109 金親尚子詩集 牧進・絵 あたたかな大地 ☆
110 黒柳啓子詩集 吉田翠・絵 父ちゃんの足音 ☆♡★□
111 富田栄子詩集 油野誠一・絵 にんじん笛 ♡☆
112 原国子詩集 高畠純・絵 ゆうべのうちに ☆
113 宇部京子詩集 スズキコージ・絵 よいお天気の日に ○☆□◇●★
114 武鹿悦子詩集 牧野鈴子・絵 お花見 ☆□
115 山本なおこ詩集 梅田俊作・絵 さりさりと雪の降る日 ☆★
116 小林比呂古詩集 おおた慶文・絵 ねこのみち ☆
117 後藤れい子詩集 渡辺あきお・絵 どろんこアイスクリーム ☆
118 重清良吉詩集 高田三郎・絵 草の上 ☆◆□★
119 宮中雲子詩集 西真里子・絵 どんな音がするでしょか ★
120 前山敬子詩集 若山憲・絵 のんびりくらげ ☆★

121 川端律子詩集 若山憲・絵 地球の星の上で ♡
122 たかはしけいこ詩集 織茂恭子・絵 とうちゃん ♡★♣
123 宮田滋子詩集 深澤邦朗・絵 星の家族 ☆●
124 国沢たまき詩集 唐沢静・絵 新しい空がある
125 池田あきつ詩集 小倉玲子・絵 かえるの国 ★
126 黒田恵子詩集 倉島千賀子・絵 ボクのすきなおばあちゃん ☆★♡
127 垣内磯子詩集 宮崎照代・絵 よなかのしまうまバス ☆♡★
128 小泉周二詩集 佐藤平八・絵 太陽へ ☆★♡●
129 中島和子詩集 秋里信子・絵 青い地球としゃぼんだま ☆★
130 のろさかん詩集 福島一二三・絵 天のたて琴 ☆
131 加藤丈夫詩集 葉祥明・絵 ただ今受信中 ☆★
132 北原悠子詩集 深沢紅子・絵 あなたがいるから ♡
133 池田もと子詩集 小倉玲子・絵 おんぷになって ♡
134 鈴木初江詩集 吉田翠・絵 はねだしの百合 ★
135 垣内磯子詩集 今井俊・絵 かなしいときには ★

△長野県教育委員会すいせん図書　✡㈶日本動物愛護協会推薦図書
◈茨城県推奨図書

…ジュニアポエムシリーズ…

136 秋葉てる代詩集 やなせたかし・絵 おかしのすきな魔法使い ●★
137 青戸かいち詩集 永田萌・絵 小さなさようなら ❀★
138 柏木恵美子詩集 高田三郎・絵 雨のシロホン ♡★
139 藤井則行詩集 阿見みどり・絵 春だから ♡★◎
140 黒田勲子詩集 山中冬児・絵 いのちのみちを
141 南郷芳明詩集 的場豊子・絵 花時計
142 やなせたかし詩・絵 生きているってふしぎだな
143 内田麟太郎詩集 斎藤隆夫・絵 うみがわらっている
144 しまざきふみ詩集 島崎奈緒・絵 こねこのゆめ ♡
145 糸永えつこ詩集 武井武雄・絵 ふしぎの部屋から ♡
146 石坂きみこ詩集 鈴木英二・絵 風の中へ ♡
147 坂本のこ詩集 坂本こう・絵 ぼくの居場所 ♡
148 島村木綿子詩・絵 森のたまご ❀
149 楠木しげお詩集 わたせせいぞう・絵 まみちゃんのネコ ★
150 牛尾良子詩集 上矢津・絵 おかあさんの気持ち ♡

151 三越左千夫詩集 阿見みどり・絵 せかいでいちばん大きなかがみ ★
152 水村三千夫詩集 高見八重子・絵 月と子ねずみ
153 川越文子詩集 横松桃子・絵 ぼくの一歩ふしぎだね ★
154 すずきゆかり詩集 葉祥明・絵 まっすぐ空へ
155 西田純詩集 葉祥明・絵 木の声水の声
156 清野倭文子詩集 水科舞・絵 ちいさな秘密《ひみつ》
157 川奈静詩集 直江みちる・絵 浜ひるがおはパラボラアンテナ ★◎
158 若木良水詩集 西真里子・絵 光と風の中で
159 牧陽子詩集 渡辺あきお・絵 ねこの詩 ★◎
160 宮田滋子詩集 阿見みどり・絵 愛一輪 ★◎
161 井上灯美子詩集 唐沢静・絵 ことばのくさり ☆●
162 滝波万理子詩集 滝波裕子・絵 みんな王様《おうさま》 ★●
163 冨岡みち詩集 関口コオ・絵 かぞえられへんせんぞさん ★
164 垣内磯子詩集 辻恵子・切り絵 緑色のライオン ★◎
165 すぎもとれいこ詩集 平井辰夫・絵 ちょっといいことあったとき ★

166 岡田喜代子詩集 おぐらひろかず・絵 千年の音 ★☆◎
167 川奈静詩集 直江みちる・絵 ひもの屋さんの空 ★◎☆♥♡
168 鶴岡千代子詩集 武田淑子・絵 白い花火 ★☆
169 井上灯美子詩集 唐沢静・絵 ちいさい空をノックノック ★◎☆
170 尾崎杏子詩集 ひなた山すじゅう郎・絵 海辺のほいくえん ☆♡★◎
171 柘植愛子詩集 やなせたかし・絵 たんぽぽ線路 ☆♡★◎●
172 小林比呂古詩集 うめざわのりお・絵 横須賀スケッチ ☆★◎♡▲
173 林佐知子詩集 串田敦子・絵 きょうという日 ☆★◎♡▲
174 後藤基宗子詩集 岡澤由紀子・絵 風とあくしゅ ☆♥★◎♡
175 土屋律子詩集 高瀬のぶえ・絵 るすばんカレー ☆♡★◎▲
176 三輪アイ子詩集 深沢邦朗・絵 かたぐるましてよ ★☆♡
177 田辺瑞美子詩集 西真里子・絵 地球賛歌 ☆★◎
178 高瀬美代子詩集 小倉玲子・絵 オカリナを吹く少女 ☆♡
179 中野惠子詩集 串田敦子・絵 コロポックルでておいで ★♡☆●
180 松井節子詩集 阿見みどり・絵 風が遊びにきている ★☆♡▲

…ジュニアポエムシリーズ…

181 新谷智恵子詩集 徳田徳志芸・絵 とびたいペンギン 佐世保文学賞 ♡★◎▲
182 牛尾良子詩集 牛尾征治・写真 庭のおしゃべり ♡★◎
183 三枝ますみ詩集 髙見八重子・絵 サバンナの子守歌 ☆★
184 佐藤雅子詩集 佐藤太清・菊池治子・絵 空の牧《まき》場《ば》 ☆★♡■◎◈
185 山内弘子詩集 おぐらひろかず・絵 思い出のポケット ♡★●
186 山内弘子詩集 阿見みどり・絵 花の旅人 ♡★▲
187 原国子詩集 牧野鈴子・絵 小鳥のしらせ ♡★△◎
188 人見敬子 詩・絵 方《はこ》舟《ぶね》地球号 —いのちは元気— ♡★◎
189 林佐知子詩集 串田敦子・絵 天にまっすぐ ★☆♡◎
190 小臣富子詩集 渡辺あきお・絵 わんさかわんさかどうぶつさん ✡♡★◎
191 川越文子詩集 かまだちえみ・写真 もうすぐだからね ♡★◎
192 永田喜久男詩集 武田淑子・絵 はんぶんごっこ ☆★◎♡
193 吉田房子詩集 大和田明代・絵 大地はすごい ★◎♡
194 石井春香詩集 髙見八重子・絵 人魚の祈り ★♡
195 石原一輝詩集 小倉玲子・絵 雲のひるね ♡
196 たかはしけいこ詩集 髙橋敏彦・絵 そのあと ひとは ★
197 宮田滋子詩集 おおた慶文・絵 風がふく日のお星さま ★♡◎
198 渡辺恵美子詩集 つるみゆき・絵 空をひとりじめ ★♡●
199 宮中雲子詩集 西真里子・絵 手と手のうた ★
200 杉本深由起詩集 太田大八・絵 漢字のかんじ ★♡
201 井上灯美子詩集 唐沢静・絵 心の窓が日だったら ★♡
202 峰松晶子詩集 おおた慶文・絵 きばなコスモスの道 ★♡
203 高橋文子詩集 山中桃子・絵 八丈太鼓 ★♡
204 長野貴子詩集 武田淑子・絵 星座の散歩 ★♡
205 江口正子詩集 髙見八重子・絵 水の勇気 ♡☆★
206 藤本美智子 詩・絵 緑のふんすい ☆♡★
207 林佐知子詩集 串田敦子・絵 春はどどど ♡★◎
208 小関秀夫詩集 阿見みどり・絵 風のほとり ☆♡★
209 宗美津子詩集 宗信寛・絵 きたのもりのシマフクロウ ♡★
210 かわてせいぞう詩集 髙橋敏彦・絵 流れのある風景 ☆♡★
211 土屋律子詩集 高瀬のぶえ・絵 ただいまぁ ★♡☆◎
212 永田喜久男詩集 武田淑子・絵 かえっておいで ☆♡★
213 みたみちこ詩集 牧進・絵 いのちの色 ♡★
214 糸永えつこ詩集 糸永わかこ・絵 母です 息子です おかまいなく ♡☆★
215 宮田滋子詩集 武田淑子・絵 さくらが走る ♡☆★●
216 柏木恵美子詩集 吉野晃希男・絵 ひとりぼっちの子クジラ ♡★◎
217 江口正子詩集 髙見八重子・絵 小さな勇気 ♡☆★
218 井上灯美子詩集 唐沢静・絵 いろのエンゼル ★♡
219 中島あやこ詩集 日向山寿十郎・絵 駅伝競走 ★☆♡
220 高橋孝治詩集 髙見八重子・絵 空の道 心の道 ★♡
221 江口正子詩集 日向山寿十郎・絵 勇気の子 ♡☆★
222 宮田滋子詩集 牧野鈴子・絵 白鳥よ ☆★
223 井上良子詩集 銅版画 太陽の指環 ★
224 川越文子詩集 山中桃子・絵 魔法のことば ♡☆★
225 西本みさこ詩集 上司かのん・絵 いつもいっしょ ☆♡

ジュニアポエムシリーズは、子どもにもわかる言葉で真実の世界をうたう個人詩集のシリーズです。

本シリーズからは、毎回多くの作品が教科書等の掲載詩に選ばれており、1974年以来、全国の小・中学校の図書館や公共図書館等で、長く、広く、読み継がれています。

心を育むポエムの世界。

一人でも多くの子どもや大人に豊かなポエムの世界が届くよう、ジュニアポエムシリーズはこれからも小さな灯をともし続けて参ります。

226 おばらいちこ詩集 高見八重子・絵 ぞうのジャンボ ☆★♡
227 吉田房子詩集 本田あまね・絵 まわしてみたい石臼 ★♡
228 吉田房子詩集 阿見みどり・絵 花詩集 ★♡◎
229 田中たみ子詩集 唐沢静・絵 へこたれんよ ★◎
230 林佐知子詩集 串田敦子・絵 この空につながる ★♡
231 藤本美智子 詩・絵 心のふうせん ★♡
232 火星雅範詩集 西川律子・絵 ささぶねうかべたよ ★♡▲
233 吉田房子詩集 岸田歌子・絵 ゆりかごのうた ★♡
234 むらかみみちこ詩集 むらかみみちこ・むらかみあくる・絵 風のゆうびんやさん ★♡
235 白谷玲花詩集 阿見みどり・絵 柳川白秋めぐりの詩 ★♡
236 ほさかとしこ詩集 内山つとむ・絵 神さまと小鳥 ★☆♡
237 内田麟太郎詩集 長野ヒデ子・絵 まぜごはん ☆★◎♡▲
238 小林比呂古詩集 出口雄大・絵 きりりと一直線 ♡★
239 牛尾良子詩集 おぐらひろかず・絵 うしの土鈴とうさぎの土鈴 ★◎♡
240 山本純子詩集 ルイコ・絵 ふふふ ★♡☆◎

241 神田亮 詩・絵 天使の翼 ★☆♡
242 かんざわみえ詩集 阿見みどり・絵 子供の心大人の心さ迷いながら ☆★◎▲
243 永田喜久男詩集 内山つとむ・絵 つながっていく ★☆♡
244 浜野木碧 詩・絵 海原散歩 ☆★◎♡
245 やまうち・しゅうへい詩集 山本省三・絵 風のおくりもの ☆★◎♡
246 すぎもとれいこ 詩・絵 てんきになあれ ★◎
247 冨岡みち詩集 加藤真夢・絵 地球は家族 ひとつだよ ♡☆◎★
248 北野千賀詩集 滝波裕子・絵 花束のように ♡☆★◎
249 石原一輝詩集 加藤真夢・絵 ぼくらのうた ♡★◎
250 土屋律子詩集 高瀬のぶえ・絵 まほうのくつ ♡☆★◎
251 津坂治男詩集 井上良子・絵 白い太陽 ☆♡★◎
252 石井英行詩集 よしだちなつ・表紙絵 野原くん ☆★♡◎
253 井上灯美子詩集 唐沢静・絵 たからもの ☆♡★
254 大竹典子詩集 加藤真夢・絵 おたんじょう ☆★
255 たかはしけいこ詩集 織茂恭子・絵 流れ星 ★

256 谷川俊太郎詩集 下田昌克・絵 そして ♡★
257 なんば・みちこ詩集 布下満・絵 トックントックン大空で大地で ★
258 宮本美智子詩集 阿見みどり・絵 夢の中に そっと ★
259 成本和子詩集 阿見みどり・絵 天使の梯子
260 海野文音詩集 牧野鈴子・絵 ナンドデモ
261 熊谷本郷詩集 永田萠・絵 かあさん かあさん
262 大楠翠詩集 吉野晃希男・絵 おにいちゃんの紙飛行機
263 久保恵子詩集 たかせちなつ・絵 わたしの心は 風に舞う
264 みずかみさやか詩集 葉祥明・絵 五月の空のように
265 尾崎昭代詩集 中辻アヤ子・絵 たんぽぽの日
266 林祐三子詩集 わたなべあきお・絵 わたしはきっと小鳥

＊刊行の順番はシリーズ番号と異なる場合があります。

銀の小箱シリーズ

- 葉 祥明 詩・絵　小さな庭
- 若山 憲 詩・絵　白い煙突
- こばやしひろこ・詩 うめざわのりお・絵　みんななかよし
- 江口正子・詩 油野誠一・絵　みてみたい
- やなせたかし 詩・絵　あこがれよなかよくしよう
- 冨岡みち・詩 関口コオ・絵　ないしょやで
- 小林比呂古・詩 神谷健雄・絵　花かたみ
- 小泉周二・詩 辻友紀子・絵　誕生日・おめでとう
- 柏原耿子・詩 阿見みどり・絵　アハハ・ウフフ・オホホ★♡▲
- こばやしひろこ・詩 うめざわのりお・絵　ジャムパンみたいなお月さま★

すずのねえほん

- たかはしけいこ・詩 中釜浩一郎・絵　わたし★◎
- 尾上尚子・詩 小倉玲子・絵　ぽわぽわん
- 糸永えつこ・詩 高見八重子・絵　はるなつあきふゆもうひとつ★児文芸新人賞
- 山口敦子・詩 高橋宏幸・絵　ばあばとあそぼう
- あらい・まさはる・童謡 しのはらはれみ・絵　けさいちばんのおはようさん
- 佐藤雅子・詩 佐藤太清・絵　こもりうたのように●日本童謡賞　美しい日本の12ヵ月
- 柏木隆雄・詩 やなせたかし他・絵　かんさつ日記★♡

アンソロジー

- 渡辺浦人・編 村上保・絵　赤い鳥 青い鳥●
- わたげの会・編 渡辺あきお・絵　花ひらく★
- 木曜会・編 西真里子・絵　いまも星はでている★
- 木曜会・編 西真里子・絵　いったりきたり♡
- 木曜会・編 西真里子・絵　宇宙からのメッセージ
- 木曜会・編 西真里子・絵　地球のキャッチボール★◎
- 木曜会・編 西真里子・絵　おにぎりとんがった☆★◎
- 木曜会・編 西真里子・絵　みぃーつけた♡★◎
- 木曜会・編 西真里子・絵　ドキドキがとまらない
- 木曜会・編 西真里子・絵　神さまのお通り★
- 木曜会・編 西真里子・絵　公園の日だまりで★♡
- 木曜会・編 西真里子・絵　ねこがのびをする♡